작은 기쁨

작은 기쁨

이해인 시집

열림원

기쁘게 사는 법을 가르쳐주고 떠나신 나의 어머니와
이 기쁨을 함께 나누고 사는 우리 수녀님들에게
이 시집을 바칩니다.

| 시인의 말 |

작은 기쁨을 만드는 기쁨

　먼저 나온 시집 『작은 위로』는 제목 그대로 '작은 위로의 큰 기쁨'으로 판을 거듭하며 독자들의 많은 사랑을 받았다. 이 시집의 개정증보판을 원하는 출판사에 몇 편의 다른 시를 추가로 넘기려다 보니 수년간 쓴 새로운 시들을 거의 다 산문집 안에 포함시켜 별로 남은 것이 없었다. 시는 시대로 따로 모아두었다가 시집으로 묶을 걸 하는 아쉬움을 달래며 부랴부랴 그동안 덮어두었던 시 노트를 열어 요즘의 내 마음을 반영하는 시들을 열심히 썼다. 이번 시들은 대체로 짧고 단순하다. 평범하고 단조롭지만 더러 재미있는 시들도 있고 군데군데 즐거운 동심이 넘쳐나는 시들도 있다.

　이번 시집은 『작은 위로』의 자매 시집으로 여기고 싶은 마음도 있어 제목을 '작은 기쁨'이라고 붙여보았다.

사랑의 먼 길을 가려면
작은 기쁨들과 친해야 하네

아침에 눈을 뜨면
작은 기쁨을 부르고
밤에 눈을 감으며
작은 기쁨을 부르고

자꾸만 부르다 보니
작은 기쁨들은

이제 큰 빛이 되어
나의 내면을 밝히고
커다란 강물이 되어
내 혼을 적시네

내 일생 동안
작은 기쁨이 지어준
비단 옷을 차려입고
어디든지 가고 싶어
누구라도 만나고 싶어

고맙다고 말하면서
즐겁다고 말하면서
자꾸만 웃어야지

―「작은 기쁨」 전문

 이 시에서와 같이 내가 걷는 삶의 길에서 앞으로도 작은 기쁨들을 많이 만들며 살고 싶다.
 올해는 내가 수도원에서 첫 서원을 한 지 꼭 사십 주년이 되는 해이기도 하다. 이 뜻깊은 해에 또 한 권의 작은 시집을 내게 되어 행복하다.
 이 안에 담긴 소품들이 독자들의 마음에 작은 기쁨, 작은 위로로 다가갈 수 있기를 기대해본다.
 오늘의 나를 있게 해준 수도공동체에 올해는 특별히 고마운 마음 가득하다.
 게으른 내가 시심을 묵혀두지 않고 꺼내어 쓸 수 있도록 재촉해준 열림원 출판사, 멋진 발문을 써주신 강희근 시인, 감칠맛 나는 표지글을 적어주신 송명희 시인, 한비야 님께도 깊이 감사드린다.

2008년 이른 봄
부산 광안리에서 이해인 수녀

차례

시인의 말 · 6

1부

작은 소망 · 17
러브레터 · 18
시를 쓰고 나서 · 19
행복도 새로워 · 20
가까운 행복 · 22
달력과 나 · 24
언니의 실수 · 26
클래식 음악 · 28
시는 · 30
마법의 성에서 · 32
고백 · 34
편지 쓰기 · 35
사랑 · 36
환청 · 38
고마운 기쁨 · 39
엄마를 부르는 동안 · 40
담 안에서 온 편지 · 42
새해 마음 · 44

아름다운 모습 · 46

작은 기쁨 · 48

누나 · 50

집으로 가는 길 · 52

오늘도 시간은 · 54

나의 섬에는 · 56

시간의 선물 · 57

책방에서 · 58

큰 눈으로 · 60

잠과 사랑 · 61

2부

사랑의 사계절 · 65

꽃이 진 자리에 · 66

새에게 · 68

꽃과 나 · 70

꽃밭에서 · 71

열매 · 72

장마 뒤의 햇볕 · 74

나무의 연가 · 76

태풍 연가 · 78

소나기 · 79

장미 두 송이 · 80

산과 바다에서 · 82

파도 앞에서 · 83

새를 위하여 · 84

바닷가에서 · 86

입춘 · 88

푸른 기도 · 89

새는 나에게 · 90

가을 하늘 · 92

무지개 뜨던 날 · 94

보슬비처럼 · 96

겨울 연가 · 97

첫눈 · 98

3부

우정일기 1 · 101

들길에서 1 · 102

들길에서 2 · 103

슬픈 사람들에겐 · 104

너의 목소리 · 105

슬픈 그리움 · 106

여행길의 친구에게 · 108

슬픈 위로 · 110

그리움 · 112

이사 · 113

이별 · 114

부재중 응답 · 116

사랑의 의무 · 118

판단 보류 · 120

글자놀이 · 122

맛있는 기도 · 124

내가 아플 때는 · 126

만남일기 · 129

어떤 결심 하나 · 130

사별일기 · 132

그리운 추위 · 134

어느 벗에게 · 135

엄마 · 136

내 마음은 · 138

사랑의 약속 · 140

4부

나도 모르는 기도 · 143

우정일기 2 · 144

어떤 주문 · 146

잠일기 · 147

미워하진 않으려고 · 148

아프다는 거짓말 · 150

꽃씨 편지 · 152

색연필 편지 · 154

기도일기 · 156

어느 일기 · 158

꿈일기 3 · 160

피 묻은 모정 · 162

건망증 · 164

어느 노인의 편지 · 165

누구? · 170

변명 · 171

어떤 아기에게 · 172

침묵이 되어 · 173

어색한 사이 · 174

어떤 걱정 · 175

응시 · 176

카드로 지은 집 · 178

우정일기 3 · 180

우정일기 4 · 182

문 · 183

시든 꽃 · 184

사랑의 이름 · 186

발문 | 강희근(시인 · 경상대학교 교수)

지상에 핀 천상의 말꽃 · 187

1부

작은 소망

내가 죽기 전
한 톨의 소금 같은 시를 써서
누군가의 마음을
하얗게 만들 수 있을까
한 톨의 시가 세상을
다 구원하진 못해도
사나운 눈길을 순하게 만드는
작은 기도는 될 수 있겠지
힘들 때 잠시 웃음을 찾는
작은 위로는 될 수 있겠지
이렇게 생각하는 것만으로도
나는 행복하여
맛있는 소금 한 톨 찾는 중이네

러브레터

아무리 많이 써도
할 말이 또 남네요
내가 고른 단어들이
맘에 들지 않네요

덜어내려 애써도
그리움의 무게는
줄지를 않네요

편지를 쓸 적마다
다시 알게 됩니다

편지는 당신을 향한
나의 간절한 기도인 것을
눈물이고 웃음인 것을

아무리 바빠도
생각을 멈출 수 없는
오랜 그리움인 것을

시를 쓰고 나서

밤새
뜬눈으로 시를
쏟아낸 다음 날 아침

나의 몸은
무겁고 힘이 든데
나의 마음은
눈부신 날개를 달고
어디든지 떠날 준비가 되어 있네
시는 나를 데리고
나는 시를 데리고
마침내는 하늘로 갈 것인가

행복도 새로워

날마다 순간마다
숨을 쉬고 살면서도
숨 쉬는 고마움을
잊고 살았네

내가 사랑하고
사랑받는 일 또한
당연히 마시는 공기처럼
늘 잊고 살았네

잊지 말자
잊지 말자
다짐을 하면서

다시 숨을 쉬고
다시 사랑하고

눈에 보이지 않는

모든 것
새롭게 사랑하니
행복 또한 새롭네

가까운 행복

산 너머 산
바다 건너 바다
마음 뒤의 마음
그리고 가장 완전한
꿈속의 어떤 사람

상상 속에 있는 것은
언제나 멀어서
아름답지

그러나 내가
오늘도 가까이
안아야 할 행복은

바로 앞의 산
바로 앞의 바다
바로 앞의 내 마음
바로 앞의 그 사람

놓치지 말자
보내지 말자

달력과 나

심심할 적마다
달력을 봅니다
엄마가 쳐놓은
날짜 위의 동그라미들이
답답하고 숨이 차다며
나와 놀고 싶어합니다

누구누구 태어나신 날
돌아가신 날
이사 가는 날
여행 가는 날
잔치하는 날
모임하는 날
무슨무슨 행사들이
그리도 많은지

비어 있는 칸에 나는 씁니다
가만있어 좋은 날

아무것도 없어 좋은 날
고마운 날이라고……

언니의 실수

살구꽃이 진 자리에 말이야
글쎄……
갓 달리기 시작한 살구열매를
매실인 줄 알고 글쎄
언니는 있는 대로 열매를 많이 따다가
매실주를 담갔다지 뭐야
살구나무 열매와
매화나무 열매가 얼마나 다른지
눈이 있어도 보질 못했나?
잘 알지도 못하고
확인도 안 해보고
성급하게 따다가
술을 담갔다니
우습지 않나요?

항아리 속 조그만 살구들은
영문도 모르면서
어둠 속에 엎디어서

고개를 갸우뚱하지 않았을까?
'나무 위에 더 있으면
좋았을 텐데……
왜 여기 있는지…… 답답해 죽겠네'
하면서 말이야

해마다 봄이 오면
살구나무 볼 적마다
매화나무 볼 적마다
언니의 실수가 생각나
우리 식구 모두
하하 호호 웃는답니다

클래식 음악

음악에 대하여
잘 알지 못하지만
아무 악기도 연주할 수 없어
유감이지만

클래식 음악을 들으면
그냥 좋다
자주 눈물이 난다

말로는 다 설명이 안 되는
이 고요하고 순결한 힘을

감동이라고만 하기엔
왠지 가벼운 표현 같고
기도라고만 하기엔
왠지 무거운 표현 같고

어쨌든 음악을 들으면

아무도 미워할 수가 없다
죄를 지을 수가 없다

시는

 1

시는
살아서 내가 만드는
풀피리

듣는 이 많지 않아도
피리를 부는 것 자체로
행복하다

 2

시는
내 마음을 조금 더
착하게 해주었다
내 키를 조금 더
크게 해주었다
내 삶의 옷에

단추를 달아주었다

  3

썼다 지우고
지웠다 쓰고
오늘은 하루 종일
쓰다 만 시가 적힌
종잇조각을
손에서 놓지 못하고
즐거워한다
창밖의 나무들도
궁금한지
자꾸만 기웃거리네
부탁도 안 했는데
박수를 치니
몇 줄은 읽어주기로 하네

마법의 성에서

어린 나이에 세상을 떠나
마법의 성에 온 지
수십 년이 지났어요
모든 이의 모든 것이 되는
사랑의 마법에
아주 단숨에 걸리지는 못해
삶이 조금은 고달팠어요
속으로 은근히 고민도 하였어요
참을성 있게 눈을 감고 기다리니
이제 조금은 변화가 옵니다
어쩌면 세상 사람들이
다 이렇게 나의 애인처럼
사랑스러운지!
왜 가만있어도
자꾸만 웃음이 차오르는지!
행복하다고 말하고 싶어지는지!
만나는 이들에게 살짝 마법을 걸어보니
제법 효과도 있어 고마움의 불길이 타오릅니다

물론 조심해서 다루어야 하지만
사랑의 마법을 그 무엇과도
바꿀 수가 없습니다
목숨 걸고 선택할 만하네요
죽을 때까지 열심히
이 마법을 즐기렵니다
욕심을 버릴수록 마법은
더욱 아름답게 빛이 납니다
영혼의 자유가 주인인
이 마법의 성으로
당신도 오실래요?

고백

당신 때문인가요?
딱히 할 말은 없는데
마구 가슴이 뛰어요
딱히 할 일도 없는데
자꾸만 마음이 바빠져요
가시밭길로 보이던 세상이
갑자기 꽃밭으로 보여요
제가 사랑에 빠진 것 맞지요?

편지 쓰기

나는 악기를 다루듯이
편지를 씁니다
어떤 사람에겐
피아노나 풍금의 언어로 이야기하고
어떤 사람에겐
첼로나 바이올린의 언어로 이야기하고
또 어떤 사람에겐
가야금이나 거문고의 언어로 이야기하죠
글에도 음악이 흘러 아름답습니다
받는 이들은 행복하답니다

사랑

　1

그저 가만히
당신을 생각만 하는데도
내 조그만 심장이
쿵쾅거려요
아무도 모르게

당신을 만나러 가는 길은
내 심장이 멎을까보아
걸음을 더 빨리 합니다
아무도 모르게

　2

진작 사랑한다고 말하지 못해
죄송합니다
진작 행복하다고 말하지 못해

죄송합니다
지금이라도 알게 해주시니
감사합니다

환청

'왜 이제 왔어?'
나를 기다리다 지쳐서
울먹이는 친구의 목소리

하늘나라에 가서도
신호를 보내는
내 어머니의 밭은기침 소리

그리고
봄 여름 가을 겨울
아침 낮 저녁 밤
허공을 가르고 들려오는
수녀들의 기도 소리
여럿이서 똑같은
한 목소리의
탄원 소리

고마운 기쁨

적당히 숨기려 해도
자꾸만 웃음으로
삐져나오네

억지로 찾지 않아도
이제는 내 안에
뿌리박힌 그대

어디에 있든지
누구를 만나든지
내가 부르기만 하면
얼른 달려와 날개를 달아주는
얼굴 없는 나의 천사
고마운 기쁨이여

엄마를 부르는 동안

엄마를 부르는 동안은
나이 든 어른도
모두 어린이가 됩니다

밝게 웃다가도
섭게 울고

좋다고 했다가도
싫다고 투정이고

변덕을 부려도
용서가 되니
반갑고 고맙고
기쁘대요

엄마를 부르는 동안은
나쁜 생각도 멀리 가고
죄를 짓지 않아 좋대요

세상에 엄마가 있는 이도
엄마가 없는 이도
엄마를 부르면서
마음이 착하고 맑아지는 행복
어린이가 되는 행복!

담 안에서 온 편지

'수녀님이 보내주신
성탄 카드에 붙인 별 스티커에
우리 방 사람들 모두 환호하며
그 별을 하나씩 떼어 가졌답니다'

이 구절에 감동받은 나는
다시 별 스티커와
향기 나는 우표를 들고
면회를 갔지만
다는 만날 수가 없어
안타까웠다

'아주 작은 것에도
우린 서로 감사하며 삽니다
서로의 죄는 묻지 않고
격려만 해주어요'

한 사람이 편지를 쓰면

편지지에 고운 꽃과 새를 그려주기도 하면서
서로 우정을 나누는 사람들
어둡게 닫힌 감방 안에
사랑으로 열려 있는
마음과 마음들 사이로
나는 스티커가 아닌
진짜 별들을 많이 달아주고 왔다

새해 마음

늘 나에게 있는
새로운 마음이지만
오늘은 이 마음에
색동옷 입혀
새해 마음이라 이름 붙여줍니다

일 년 내내
이웃에게 복을 빌어주며
행복을 손짓하는
따듯한 마음

작은 일에도 고마워하며
감동의 웃음을
꽃으로 피워내는
밝은 마음

내가 바라는 것을
남에게 먼저 배려하고

먼저 사랑할 줄 아는
넓은 마음

다시 오는 시간들을
잘 관리하고 정성을 다하는
성실한 마음

실수하고 넘어져도
언제나 희망으로
다시 시작할 준비가 되어 있는
겸손한 마음

곱게 설빔 차려입은
나의 마음과 어깨동무하고
새롭게 길을 가니
새롭게 행복합니다

아름다운 모습

친구의 이야기를
아주 유심히 들어주며
까르르 웃는 이의 모습

동그랗게 둘러앉아
서로 더 먹으라고 권하면서
열심히 밥을 먹는 가족들의 모습

어떤 모임에서
필요한 것 챙겨놓고
슬그머니 사라지는 이의
겸허한 뒷모습

좋은 책을 읽다가
열심히 메모하고
밑줄을 그으며
뜻깊은 미소를 짓는 이의 모습

조용히 고개 숙여
손님이 벗어놓은 신발들을
가지런히 정리하는 이의 모습

"저기요. 사진 하나 찍어주세요!"
갑자기 부탁을 하였을 때도
귀찮아하지 않는 웃음으로
정성 다해 사진을 찍어주는 이의 모습

이웃이 슬픈 일을 당했을 때
제일 먼저 달려와서
말없이 손잡고 눈물 글썽이며
기도부터 해주는 이의 모습

누가 몸이 아프다고 하면
큰일 난 것처럼 한걸음에 달려와
자기 일처럼 내내 걱정하며
그의 곁을 지켜주는 이의 모습

작은 기쁨

사랑의 먼 길을 가려면
작은 기쁨들과 친해야 하네

아침에 눈을 뜨면
작은 기쁨을 부르고
밤에 눈을 감으며
작은 기쁨을 부르고

자꾸만 부르다 보니
작은 기쁨들은

이제 큰 빛이 되어
나의 내면을 밝히고
커다란 강물이 되어
내 혼을 적시네

내 일생 동안
작은 기쁨이 지어준

비단 옷을 차려입고
어디든지 가고 싶어
누구라도 만나고 싶어

고맙다고 말하면서
즐겁다고 말하면서
자꾸만 웃어야지

누나

초등학교 시절
시골집에 놀러 갔을 때
두 살 아래의
사촌 남동생이
나에게 처음으로
"누나!" 하고 불렀을 때
하늘과 햇빛이 눈부셨다

서로 다른 길을 가며
오랜 세월 속에 묻혀 있던
그 말

"누나
건강하신지요? 걱정이 되어서요"
수십 년 만에 안부를 들으니
다시 가슴이 뛴다

언니하곤 또 다른

누나라는 말

왠지
미덥고
너그럽고
푸근하고
아련하고
자랑스러운 말

살아 있는 동안
나는
세상의 누나가 되어야지

쓸쓸한 이들에게
환히 웃어줄 수 있는
따뜻한 누나가 되어야지

집으로 가는 길

누구나 가는 길
함께 가면 가깝고
혼자 가면
더욱 먼 길

가족들이 모여서
불을 밝히고
기다리는 집

나에겐
세상의 모든 사람들이
다 가족이었지요

가족들이 너무 많아
때로는 쓸쓸하였지요
불빛도 잘 보이지 않았지요

그래도

집으로 가는 길은 늘 행복하다고
집 없어서 집이 많은 나는
오늘도 웃으며 말을 하네요

오늘도 시간은

오늘도 시간은
빛나는 선물입니다

녹슬지 않게 갈고닦아야 할
보물입니다

시계 위에만 있지 않고
종소리에만 있지 않고
내 마음 깊은 곳에
강물로 흐르는 시간
내가 걷는 길 위에
별로 뜨는 시간

소중히 안아야만
선물로 살아오는 시간

오늘도 행복 하나
나에게 건네주고 싶어

빙긋이 웃으며
걸어오는 시간

나의 섬에는

꽃섬에는
꽃들이 많고

바위섬에는
바위들이 많고

조개섬에는
조개들이 많고

내 마음의 섬에는
고운 시들이 많지

별과 달과 구름을 닮은
다양한 언어들이
계절따라 피어나지

이렇게 섬에서
혼자 행복해도
되는 것일까?

시간의 선물

내가 살아 있기에
새롭게 만나는 시간의 얼굴
오늘도 나와 함께 일어나
초록빛 새옷을 입고
활짝 웃고 있네요
하루를 시작하며
세수하는 나의 얼굴 위에도
아침 인사를 나누는
식구들의 목소리에도
길을 나서는
나의 신발 위에도
시간은 가만히 앉아
어서 사랑하라고 나를 재촉하네요
살아서 나를 따라오는 시간들이
이렇게 가슴 뛰는 선물임을 몰랐네요

책방에서

들어서면
한꺼번에
쏟아지는
사색의 빛
고요한 환희

가만히 서서
책들의 제목만
먼저 읽어도
행복합니다
아름다운 나눔이
시작됩니다

종이 안에 새겨진
삶의 이야기
사람들의 꿈이
새롭게 피어납니다

가는 곳마다
나를 따라오는
충실한 사랑이여
책의 향기여

큰 눈으로

'안경 벗으시니
생각보단 눈이 크시네요?!'
누군가 나에게 건넨 이 말을
다시 기억하며
거울을 들여다봅니다
내가 나에게 빙긋 웃어줍니다
눈이 크다는 말이 왜 이리 반가운지!
내가 큰 사람이 된 것처럼
어깨까지 으쓱해집니다
나의 눈을 들여다보며
다짐합니다
큰 눈으로 세상을 보세요
큰 마음으로 사랑을 하세요

잠과 사랑

잠을 자고 또 자도
자야 할 잠이 아직도 남아 있듯이
사랑하고 또 사랑해도
해야 할 사랑이
많이 남아 있네요
참 신기하지요?
되풀이되는 놀라움으로
늘 행복하세요!

2부

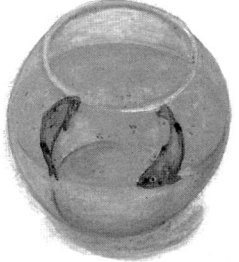

사랑의 사계절

봄에는
연둣빛 새싹을 닮은
쉼표의 설렘으로
여름에는
소나기를 닮은
감탄사의 열정으로
가을에는
산바람을 닮은
말없음표의 감동으로
겨울에는
하얀 눈을 닮은
물음표의 기도로……
사랑은 언제나
다시 시작하는 계절로
상징적인 암호로
나를 행복하게 하네

꽃이 진 자리에

살구꽃이 진 자리에
푸른 잎이 돋더니
이어서 살구열매
앙증스럽게 달리기 시작하고

매화가 진 자리에
푸른 잎이 돋더니
이어서 매실이
어여쁘게 달리기 시작하는 걸

이미 알고 있었지만
여러 번 눈으로 보았지만
오늘은 왜 이리 새로운지
왜 이리 놀라운지
나무 아래서
떠날 줄을 모르는
나무가 되었습니다, 나는

꽃이 진 자리마다
익어가는 열매를
사랑 담긴 시간들을
오래오래 기념하고 싶어서
나는 나무를 꼭 안아봅니다

새에게

네가
산에 있으면
산에 가고 싶고

바다에 있으면
바다에 가고 싶고
네 목소리를 들으면

삶에 대한
그리움이
절로 살아난단다

네 날개를 보면
하늘로 가고 싶단다

언제나
너를 사랑하는
내 마음

숨길 수 없어
나도 이름을
'새'로 바꾸었단다

꽃과 나

예쁘다고
예쁘다고
내가 꽃들에게
말을 하는 동안
꽃들은 더 예뻐지고

고맙다고
고맙다고
꽃들이 나에게
인사하는 동안
나는 더 착해지고

꽃물이 든 마음으로
환히 웃어보는
우리는
고운 친구

꽃밭에서

내가
예쁜 생각 한 번씩 할 적마다
예쁜 꽃잎이
하나씩 돋아난다지

내가
고운 말 한 번씩 할 적마다
고운 잎사귀가
하나씩 돋아난다고

꽃나무들이
나를 보고
환히 웃어

나도 꽃이 되기로 했지
나도 잎이 되기로 했지

열매

꽃이 진 그 자리에
어느새 소리 없이
고운 열매가 달렸어요

내가 하기 싫은 일을
하고 나면
수고의 땀이 맺어주는
기쁨의 열매

내가 아파서 흘린
눈물 뒤에는
인내가 낳아주는
웃음의 열매

아프고 힘들지 않고
열리는 열매는 없다고
정말 그렇다고

나의 맘을 엿보던
고운 바람이
나에게 일러줍니다

장마 뒤의 햇볕

비 오는 내내
나는 우울했어요
사소한 일로 속상해
울기도 했어요
날씨 탓이라고
원망도 했답니다

오랜만에 햇볕 드니
기뻐요 고마워요
내 마음도 밝아져요

"오, 해를 보니
살 것 같네!"
외치는 사람들 속에
나도 있어요

마음에 낀 곰팡이도
꺼내서 말려야겠어요

더 밝은 마음으로
사랑을 해야겠어요
푸른 하늘 아래
환히 웃고 있는
붉은 칸나와 같이……

나무의 연가

당신을
보기만 해도
그냥
웃음이 나요
이유 없이 행복해요

웬만한 아픔
견딜 수 있고
어떠한 모욕도
참을 수 있어요

바람 많이 불어도
뿌리가 깊어
버틸 수 있는
내 마음
모두 당신 덕분이지요

어느 날

열매를 많이 달고
당신과 함께
춤을 추고 싶어요

태풍 연가

태풍이 지나간
바다의 빛깔은
어찌 이리
푸르고 투명한지!
태풍이 지나간
숲의 모양은
어찌 이리
환하고 깨끗한지!

한바탕 싸움 끝에
울고 나서
활짝 개인 마음의 하늘

그대와 나의 사랑은
어찌 이리 순결한지요!

소나기

여럿이 오는데도
쓸쓸해 보입니다
큰 소리 내는데도
외로워 보입니다
위로해주고 싶어
창문을 열었더니
뚝! 그쳐버린 하얀 비

장미 두 송이

구름 한 점 없는
가을 하늘 보고
가슴이 뛰었다

석류도 익어서
떨어졌는데
오래오래 지지 않는
분홍 장미 두 송이가
빙긋 웃고 있는 뜰

'질 때는 져야지
웬일이니?' 하다가

어느새 정이 들어
지지 않기를 바랐다

마침내 그들이 지는 날
'잘 가, 내년에 만나'

할 수 없이 작별을 하는데
나도 모르게 눈물이 났다

산과 바다에서

산에 가서
바다를 내려다보면
끝없는 수평선이
어머니의 사랑으로
나에게 올라오며
넓어져라 넓어져라
노래를 하고
바다에 가서
산을 올려다보면
위엄 있는 능선이
아버지의 사랑으로
나에게 내려오며
깊어져라 깊어져라
기침을 하고
날마다 내 안에
출렁이는 바다
끄떡없는 산
번갈아 그리움이네

파도 앞에서

바다에 나가
큰 소리로 빌었습니다

부디
출렁일 준비를 하십시오

겉으로 드러나는 고요함으로
평화를 측정하진 말라고
파도가 나에게 말해줍니다

멈추지 않아야 살 수 있다고
출렁이는 용기가 필요하다고
오늘도 파도 앞에서
큰 소리로 빌었습니다

새를 위하여

기도 시간 내내
창밖으로 새소리가 들려
나도 새소리로 말했습니다

어찌 그리 한결같이 노래할 수 있니?
어찌 그리 가벼울 수 있니?
어찌 그리 먼 길을 갈 수 있니?

우울해지거든
새소리를 들으러
숲으로 가보세요
새소리를 들으면
설레지 않을 수가 없습니다

삶을 노래하는 기쁨을
숨어서도 사랑하는 법을
욕심 부리지 않는 자유를
떠날 줄 아는 지혜를

새들에게 배우세요

포르르 포르르
새가 날아가는 뒷모습을 보면
말로 표현 못 할 그리움에
자꾸 눈물이 나려 합니다

살아가는 동안은
우리도 새가 되어요
날개를 접고 쉴 때까진
땅에서도 하늘을 꿈꾸며
열심히 먼 길을 가는
아름다운 새가 되어요

바닷가에서

오늘은
맨발로
바닷가를 거닐었습니다

철석이는 파도 소리가
한 번은 하느님의 통곡으로
한 번은 당신의 울음으로 들렸습니다

삶이 피곤하고
기댈 데가 없는 섬이라고
우리가 한 번씩 푸념할 적마다
쓸쓸함의 해초도
더 깊이 자라는 걸 보았습니다

밀물이 들어오며 하는 말
감당 못 할 열정으로
삶을 끌어안아보십시오
썰물이 나가면서 하는 말

놓아버릴 욕심들은
미루지 말고 버리십시오

바다가 모래 위에 엎질러놓은
많은 말을 다 전할 순 없어도
마음에 출렁이는 푸른 그리움을
당신께 선물로 드릴게요

언젠가는 우리 모두
슬픔이 없는 바닷가에서
하얗게 부서지는 파도로
춤추는 물새로 만나는 꿈을 꾸며
큰 바다를 번쩍 들고 왔습니다

입춘

꽃술이 떨리는
매화의 향기 속에
어서 일어나세요, 봄

들새들이
아직은 조심스레 지저귀는
나의 정원에도

바람 속에
살짝 웃음을 키우는
나의 마음에도
어서 들어오세요, 봄

살아 있는 모든 것들
다시 사랑하라 외치며
즐겁게 달려오세요, 봄

푸른 기도

하늘이 높고 푸를수록
나도 자꾸 높아져서
하늘 안으로
쏙 들어가고 싶네

바다가 넓고 푸를수록
나도 자꾸 넓어져서
수평선 끝까지
춤을 추며 걷고 싶네

산이 깊고 푸를수록
나도 자꾸 깊어져서
나무 향기 가득한 산속에
그대로 묻히고 싶네

새는 나에게

새는 나에게
제일 먼저
기도하는 법을
가르쳐주었지

나서지 않고도
사랑하는 법을
뒤에 숨어서도
위로하는 법을
가르쳐주었지

내가 힘들 때면
언제나
새를 부른다

산에서도 날아오고
들에서도 날아오고
내 마음속에서도

날아오는 희망의 새

새가 있어
세상은 낯설지 않은
나의 집이 되었다

가을 하늘

무슨 말이
더 필요할까

살아 있기에
다시 보는
저 푸른 하늘

하느님의 사랑
성모님의 눈물

새들의 노래
흰 구름의 시
저기 다 있네

아름답고
아름답다

충분하고

충분하다

저리 눈부신
은혜의 하늘
투명한 기도

무지개 뜨던 날

쌍무지개 뜬 하늘을
하도 오래 올려다보니
고개가 아프네

사라지고 나서도
잊을 수 없어
만나는 이들에게
'무지개 떴다'
이야길 하면
그 사람의 얼굴에도
무지개가 떴지

빨주노초파남보……
곱고 환한 그 빛깔로
오늘을 살면
내일로도 이어지겠지

무지개는

사랑과 기도로 이어지는
길고 긴 다리가 되어
세상이 환해지겠지

살아 있는 동안은
나도
무지개가 되어야지

보슬비처럼

내 고집에
어이없이
한풀 꺾인
하느님의 사랑처럼

조용조용
소근소근
내리는 비

나도
누구를 사랑할 땐
보슬비처럼

마음이
더 고요하고
약해져야겠다
고와져야겠다

겨울 연가

함박눈 펑펑 내리는 날
네가 있는 곳에도
눈이 오는지 궁금해
창문을 열어본다

너를 향한
나의 그리움도
쏟아지는 함박눈이다
얼어붙는 솜사탕이다

와아!
하루 종일
눈꽃 속에 묻혀가는
나의 감탄사

어찌 감당해야 할지
정말 모르겠다

첫눈

함박눈 내리는 오늘
눈길을 걸어
나의 첫사랑이신 당신께
첫 마음으로 가겠습니다

언 손 비비며
가끔은 미끄러지며
힘들어도
기쁘게 가겠습니다

하늘만 보아도
배고프지 않은
당신의 눈사람으로
눈을 맞으며 가겠습니다

3부

우정일기 1
─친구에게

네가 좋아하는 푸른 하늘
올려다보는 것이
나의 기도였단다
날마다 우체국에 가서
너에게 편지를 부치는 것이
나의 일과였단다
기차를 타고 너를 보러 가는
기다림의 세월 모여
기쁨이 되었단다

어제도 보고 싶었고
오늘도 보고 싶고
내일도 보고 싶을
그리운 친구야

들길에서 1

때로는 나를
힘들게 하지만
당신을 깊이 사랑합니다
생명을 낳고 키우고 익히는
어머니 땅이여
가장 어질고 정직한
흙의 향기여

들길에서 2

지는 해의 모습은
떠나면서도 저리
가볍고 황홀하게 아름다운데
죽어가는 인간의 모습은
어찌 이리 무겁게 쓸쓸하고
슬퍼만 지는지
나도 언젠가
노을처럼 떠나고 싶다고
꿈을 꾸며 길을 가니
저 하늘이
다 나의 것이네

슬픈 사람들에겐

슬픈 사람들에겐
너무 큰 소리로 말하지 말아요
마음의 말을 은은한 빛깔로 만들어
눈으로 전하고
가끔은 손잡아주고
들키지 않게 꾸준히 기도해주어요

슬픈 사람들은
슬픔의 집 속에만
숨어 있길 좋아해도
너무 나무라지 말아요
훈계하거나 가르치려 들지 말고
가만히 기다려주는 것도 위로입니다
그가 잠시 웃으면 같이 웃어주고
대책 없이 울면 같이 울어주는 것도
위로입니다
위로에도 인내와 겸손이 필요하다는 걸
우리 함께 배워가기로 해요

너의 목소리

응, 나야
그래, 알았어

목소리만으로도
너는
나의 푸르디푸른
그리움이다
나를 부르는
너의 목소리에는
눈물이 들어 있다
바람이 가득하다

네가 몹시 보고 싶을 땐
혼자서
가만히 너를 흉내 낸다

응, 나야
그래, 알았어

슬픈 그리움

세상 떠난 사람이
자꾸 보고 싶어 못 견딜 땐
어떻게 할까
아무리 기도해도
다시는 볼 수 없는 사람을 향한
슬픈 그리움

그 목소리 듣고 싶고
그 웃음 보고 싶고
그의 손을 잡고 싶은데

하늘도
땅도
야속한 침묵이네
사람들은
아무 일 없이 즐거워하고

오늘은 바람조차

나를 위로해주지 않네

이 슬픈 그리움
평생을 안고
어떻게 살아야 할지
잠을 자면서도
그리움은 깨어 있네

여행길의 친구에게

친구야
너는 지금 어디에 있니?
내가 네 곁에 없는데도
잘 다니고 있니?
건강하니?

밥을 먹다
책을 읽다
길을 걷다
문득 네가 그리워

가만히
눈을 감고 기도한다
네 이름을 불러본다

아름다운 풍경을
혼자만 보아 미안하다며
나에게

그림엽서를 보냈던 너

이제는 내게
엽서를 보내지 않아도 된다
네가 보는 것은
내가 보는 것과
마찬가지라고 생각하거든
여행길에서는
엽서 쓰는 부담도
덜어주고 싶거든
너를 만나면서
이렇게 착해진 내 마음
네게도 선물이지 않니?

슬픈 위로

사랑하는 이를 잃고
더 이상 살고 싶지 않다는 당신에게
어떻게 위로해야 할지 모르는
이 막막함도 슬픔입니다

함께 슬퍼하는 것 또한
한계가 있음을
모르지 않으면서
어쭙잖은 말로나마
위로하려 했음을 용서하세요

당신은
아주 많이 울어도 괜찮습니다
신과 세상을 한없이
원망해도 괜찮습니다

어느 날 당신이
먼저 마음을 열고

입을 열 그때까지
기다릴게요

지금은 그냥
아무 말 않고
곁에만 있게 허락해주세요
기도가 필요하면
속으로만 할게요
작은 그림자처럼
당신 곁에서
조용히 걱정만 하게 해주세요

그리움

흰 구름이
뭉게뭉게
피어나는 하늘

섬들이
고요하게
떠 있는 바다

긴긴 세월
너를 향한 그리움이
강물로 넘치는 내 마음

생각할수록
아름답다
가슴 뛰는
행복이다

이사

어느 가을
훌쩍 짐 싸들고 이사를 가듯
나의 어머니가
저쪽 세상으로
집을 옮기신 이후

나도 어머니의 집에
세 들어 살고 싶은 그리움으로
날마다 잠을 설쳤다

서둘지 마
좀 더 기다리면 되지
언젠가는 나처럼
아주 이사를 오게 되지

차가운 침묵의 방에서
따뜻한 말로
나를 위로하시는 어머니

이별

늘 웃음으로
내 곁에 함께했던 당신이
갑자기 세상을 떠나
다시는 얼굴을 마주할 수 없는 현실을
받아들여야 한다지만
받아들일 수 없는 고통으로
하루하루가 막막합니다
이 깊은 슬픔은
나를 울지도 못하게 합니다

늘 정다운 목소리로
내 곁에 함께했던 당신이
이제는 땅속에 누워
다시는 그 음성을
들을 수 없는 슬픔으로
하루하루가 막막합니다
이 놀라운 이별은
멍하니 하늘만 쳐다보며

기도의 말도 잊게 합니다

준비 없이 찾아온 이별 앞에
이렇게도 속수무책인 나를
당신, 어떻게 책임지시려는지요

사계절 내내
마음속엔 바람만 불어
잠 못 드는 시간이 늘어날 텐데

언제 꿈에라도 와서
꼭 한 번 설명해주셔요
그날을 꼭
기다리게 해주셔요

부재중 응답

방문을 해도
사람이 없다
전화를 해도
부재중 응답이다

갈 곳이 너무 많아도
즐길 것이 너무 많아도
행복하지 않은 게야

서로가 서로에게
부재중이므로
쓸쓸한 거야

제발
돌아올 시간에
돌아오라고
어딜 자꾸 쏘다니지 말고
제자리에 있어주면

고맙겠다고
누군가에게 부탁 아닌 부탁을
되풀이하는 오늘

사랑의 의무

내가 가장 많이
사랑하는 당신이
가장 많이
나를 아프게 하네요

보이지 않게
서로 어긋나 고통스런
몸 안의 뼈들처럼
우린 왜 이리
다르게 어긋나는지

그래도
맞추도록
애를 써야죠
당신을 사랑해야죠

나의 그리움은
깨어진 항아리

물을 담을 수 없는
안타까움에
엎디어 웁니다

너무 오래되니
편안해서 어긋나는 사랑
다시 맞추려는 노력은
언제나
아름다운 의무입니다

내 속마음 몰라주는
당신을 원망하며
미워하다가도
문득 당신이 보고 싶네요

판단 보류

불볕더위 속에도
어느 순간 불어오는
바람 한 줄기에
"아, 시원하다!"
감탄하며 즐거워하지요
시원하게 비 내리는 날에도
습기가 가득하여
"아 답답하다!" 하며
부채를 찾는 적이 있지요

사람들도 그러해요

까다롭고 별나다고
소문난 사람에게도
의외로 너그러운 구석이 있는가 하면
착하다고만 소문난 사람에게서
뜻밖의 고집과 독선을 발견하고
놀랄 때도 있답니다

사물에게도 사람에게도
판단은 보류하고
입을 다무는 게 제일 좋은
삶의 지혜라고
세월이 일러줍니다

글자놀이

오늘은
일을 쉬고
책 속의 글자들과 놉니다

글자들은 내게 와서
위로의 꽃으로
향기를 풀어내고
슬픔의 풀로 흐느껴 울면서
사랑을 원합니다
내 가슴에 고요히
안기고 싶어합니다

책 속의 글자들도
때론 외롭고
그래서 사랑이 필요하다는 걸
처음으로 알았습니다

'너무 바쁘지 않게

너무 숨차지 않게
먼 길을 가려면
나와 친해지세요'

눈을 동그랗게 뜨고
나를 쳐다보는 글자들에게
나는 웃으며 새옷을 입혀줍니다
사랑한다고 반갑다고
정감 어린 목소리로 말해주다가
어느새 나도
글꽃이 되는 꿈을 꿉니다

맛있는 기도

내 맘속에 숨어 살며
떠나기 싫어하는
어떤 슬픔 하나를
과자로 만들어
기도 속에 넣어둡니다

내가 좋아하는
웨하스, 크래커처럼
바삭바삭 담백하고
맛이 고소해요

내 마음에 안 들어
비켜가고 싶던
어떤 미움 하나
음료수로 만들어
기도 속에 넣어둡니다

내가 좋아하는

레몬즙처럼
쌉싸름 상큼하고
맛이 향기로워요

내가 아플 때는

　1

어느 날
온몸에 두드러기가 나
병원에 가니 의사가 말했다

'곧 괜찮아질 겁니다
다 지나갑니다'

약 한 봉지
먹고 나서
성가신 가려움증을 달래며
내가 나에게 말해준다

'곧 괜찮아질 거야
다 지나간다니까'

그러나

지나가는 것
기다리기 왜 이리 힘든지
순간순간 견뎌내기
왜 이리 지루한지!

  2

옆에서 남이 나에게
아무리 아픔을 호소해도
심각하게 듣진 않았지
그냥 잘 참으라고만 했지

내가 조금 아프니
남에겐 관심 없고
오직 내 아픔만
세상의 중심이네

남에게 잘 참으라고

가볍게 했던 말
내 방식대로 훈계한 말
부끄러워 숨고 싶네

많이 아픈 이들과는
비교도 안 되는
나의 조그만 아픔들이
이리 크게 다가올 줄이야
이리 크게 부끄러울 줄이야

만남일기

내 어린 시절 친구와
어린 시절 이야기하며
함께 웃고
함께 웃으니
행복하다
추억의 안개꽃
마음 안에 가득하다
만남의 악수를 하는
우리의 두 손에서
풍금 소리가 들려오네
'언제 또 만나지?'
사진을 찍고 헤어지는데
빨간 동백꽃 한 송이
툭 하고 떨어지는 소리

어떤 결심 하나

내 사랑하는 이들의
외딴 무덤가에
풀들이 자라는 동안
나는
더 많이 사랑해야겠다고
마음을 모읍니다

그들이 못다 한 사랑까지
다 하고 가려면
한 순간도
미움을 허락해선 안 됩니다
눈만 뜨면 할 수 있는
조그만 사랑을 더 많이
만들어야 합니다

내 사랑하는 이들의
동그란 무덤가에
바람이 부는 동안

나는
더 많이 웃어야겠다고
노래해봅니다

그들이 못다 한 웃음까지
다 웃고 가려면
한 순간도 우울할 틈이 없습니다
눈만 뜨면 발견하는 조그만 기쁨들을
더 많이 만들어야 합니다

사별일기

1

엄마가 떠나신 뒤
나의 치통도 더 심해졌다
무엇을 먹어도
맛을 모르겠고
아프기만 하다

엄마가 떠나신 뒤
골다공증도 더 심해졌다
구멍 난 뼈엔 바람만 가득하고
조금 남은 기쁨의 양분도
다 빠져나갔다

그러나 더 두려운 아픔은
다른 사람들이 눈에 안 보이는 것
예쁘던 삶이 갑자기 시들해지는 것
하고 싶은 일이 아무것도 없고

하루하루가 서먹한 것

  2

내가 이리 슬퍼하는데
다른 사람들은
아무렇지도 않게 담담한 것이
마음에 안 든다

내가 이리 울고 있는데
다른 사람들은
마음 놓고 웃는 것이
정말 이상하다

그리운 추위

장갑을 끼어도
손이 시린 겨울
털양말 신어도
발이 시린 겨울
동상 걸린 발로 괴로워해도
겨울은 나를 강하게 했다
힘든 것을 견뎌내는
지혜를 주었다

추위가 없는 겨울엔
추위가 그립다

나의 삶에서
탄력을 앗아가는
편리하고 편안한 겨울을
문득 원망해보는 오늘

어느 벗에게

사람들이 싫다는 말
믿을 사람 아무도 없다는 말
너무 자주 하진 말아요

일단은 믿어야만
믿음도 생긴다니까요

다 귀찮아
무인도에나 가서
혼자 살고 싶다는 말도
함부로 하진 말아요

사람들이 없는 곳에 가는 즉시
사람들이 그리워질 거예요

세상은 역시
사람들이 있어 아름다운 걸
다시 느낄 거예요

엄마

누가 종이에
'엄마' 라고 쓴
낙서만 보아도
그냥 좋다
내 엄마가 생각난다

누가 큰 소리로
'엄마!' 하고
부르는 소리만 들어도
그냥 좋다
그의 엄마가
내 엄마 같다

엄마 없는 세상은
생각만 해도 눈물이
앞을 가린다

몸이 아프고

마음이 아플 때
제일 먼저 불러보는 엄마
엄마를 부르면
일단 살 것 같다

엄마는
병을 고치는 의사
어디서나
미움도 사랑으로
바꾸어놓는 요술 천사

자꾸자꾸 그리워해도
그리움이 남아 있는
나의
우리의 영원한 애인
엄마

내 마음은

믿을까 말까
용서할까 말까
하루에도 열두 번
내 마음이 변해요

믿는다더니
온통 의심뿐이고
용서했다더니
다시 원점으로 돌아오는 내 마음
어찌하면 좋은가요?

길은 하나인데
우왕좌왕
갈피 못 잡고
방향이 뚜렷한데도
망설임으로
하루해가 가고

내 마음은
왜 이리
내 말을 안 듣는지
더없이 친하지만
변하는 마음은
마주 보기 힘드네요

내 마음을
느긋이 제자리에
앉혀달라
날마다 기도하면
이루어질까

사랑의 약속

그분에게
네! 하는 순명의 순간부터
마음대로 할 수 없는 구속입니다

그러나 한 곳에 속해 있어
모든 것에서 놓여나는
담백한 자유입니다

사랑의 약속은
지킬수록 단단해지는 보석입니다
충실할수록 아름답게 빛나는
무언의 노래입니다

4부

나도 모르는 기도

수십 년 기도해도
기도가 제일 어려운 것
당신은 아시지요?
어느 날은 아무리 큰 잘못이라도
누구라도
모두 용서하고 싶은
넓고 큰 마음이 되었다가
또 어느 날은
아무리 작은 잘못이라도
누구라도 용서하고 싶지 않은
좁고 작은 마음이 되는 것도 알고 계시지요?
이렇게 왔다 갔다 하는 제가
태연하게 사랑의 길 위에 서 있어도 되는지요?
나를 빚으신 당신께 누가 되지 않도록
아주 조금이라도
당신을 닮게 도와주셔요, 하느님

우정일기 2
— 벗에게 보내는 열두 마디의 고백

1월엔 눈길을 걸으며
새해의 복을 빌어줄게
2월엔 촛불 밝히고
너의 건강을 위해 기도할게
3월엔 강변에 나가
너의 고운 이름을 부를게
4월엔 언덕에 올라
네가 사는 집을 오래 바라볼게
5월엔 숲으로 들어가
사랑의 편지를 쓸게
6월엔 흰 구름 바라보며
네가 좋아하는 노래를 부를게
7월엔 파도치는 바위섬에
네 이름을 새겨둘게
8월엔 바닷가에 누워서
해를 바라보며 크게 웃어줄게
9월엔 풀밭에 앉아
네 얼굴을 그려볼게

10월엔 단풍 고운 오솔길에서
너를 향해 고맙다고 말할게
11월엔 텅 빈 들녘에 나가
사랑한다고 말할게
12월엔 제일 예쁜 선물의 집에 들어가
네가 선물임을 기억하며 선물을 살게

어떤 주문

행복하다고 말만 하지 마시고
행복한 모습
환한 웃음으로 보여주셔요
사랑한다고 말만 하지 마시고
사랑하는 모습
한결같은 참을성으로 보여주셔요
행복과 사랑에도 겸손이 필요해요
너무 가볍게 말하지 마세요

잠일기

잠을 자면서
나는
근심을 내려놓고
평화를 업어주는
착한 엄마가 됩니다

슬픔을 위로하고
기쁨을 많게 하는
고운 천사가 됩니다

잠을 자면서
나는
꿈을 사랑하는
꿈이 됩니다

미워하진 않으려고

잘 알지도 못하면서
나를 함부로 판단하고
나쁜 말로 흉보고

그 말을 여러 사람에게
퍼뜨리는 이들 때문에
하도 속상해서
잠 안 오는 날들이 있다

그러나
내가 많이 울더라도
그들을
미워하진 않으려고

날마다
하늘 보며
두 손 모으네

내 마음을
맑게 해달라고
내 사랑을
넓혀달라고

그리고
마침내
바위로 입 다문
기도가 되게 해달라고……

아프다는 거짓말

가끔은
아프다고
거짓말해서
엄마에게 혼난다

학교 가기 싫을 때
숙제하기 싫을 때
친구랑 싸웠을 때

아프다고 꾀병을 부려봐야
금방 탄로가 나는데도
왜 자꾸 아프다고 하고 싶은 건지

그런데 말이야
아프고 싶어
아프다고 말하고 나면
진짜로 온몸이 쑤시고
열도 나고 그러니

꼭 거짓말도 아니잖아?

금방 외로워지고
금방 위로를 받고 싶어지니……
사서 하는 고생이니
절대로 거짓말로라도
아프지는 말아야겠어

꽃씨 편지

당신이 보낸
꽃씨를 심어
꽃을 피워냈어요

흙의 향기 가득한
꽃밭을 향해
고맙다고
놀랍다고
자꾸자꾸만
감탄사를 되풀이하는 것이
나의 기도입니다

이 꽃을 사진에 담아
당신에게 보내며
행복합니다

내 마음속에
심겨서 곱게 자라난

나의 사랑도
편지에 넣었으니
받아주시고
당신도 내내 행복하세요

색연필 편지

편지를 다 쓰고 나면
글씨와 글씨 사이에
색연필로
선만 몇 개 그어도
명작이 됩니다

무지개 빛깔들이
종이 위에서
사랑으로 펄럭입니다

하루해가 모자라는
나의 그리움 또한
가장 선명한 빛깔로
살아납니다

색연필보다
더 고운
내 친구의 웃음소리

편지지 위에
흩어집니다

기도일기

평생을 기도해도
기도가 힘드네

사람들은
언제나 기도를
부탁했지
기쁠 때는 잊고 있다
슬픈 일을 당할 때면
다급하게 청했던 기도

그 기도의 말들은
지금 다
어디 갔을까?

무조건 기도한다
가볍게 약속했던 일들이
무겁고도 부끄러워
잠 안 오는 밤

내게
많은 기도 부탁한
그 사람들은
나보다 더 많이 기도했을까
찾아가 묻고 싶네

이제야말로
말보다는 마음으로
약속보다 오래가는
기도를 해야겠네

어느 일기

어느 날
거울 속의
낯익은 듯 낯선 내 모습
주름과 흰머리에
내가 놀라고

창가의 느티나무
나보다 키가 커서
나를 내려다보니
내가 놀라고

숲 속의 새들이
일제히 부르는 노래 소리에
꽃송이를 펼치며
화답하는 꽃들이 고와서
내가 놀라고

퍼내어도 마르지 않는

시의 샘에서
물을 길어내는
내 마음
깊이 들여다보고
내가 놀라네

꿈일기 3

꿈에 만났던
반가운 이들
다시 들어가
만나고 싶네

꿈길에 길을 잃고
찾아 다녔던 그 집
다시 찾고 싶네

그리운 친구와
꿈 이야기하며
세월이 가네

이렇게 나이가 들어서도
나를 늘
'꼬마 친구' 라고 부르는 친구

오늘은 그애와 같이

별을 보는 꿈을 꿀까
그애와 즐겨 걷던 골목길에서
사랑의 별이 되는 꿈을 꾸며 행복했던
그 웃음을 다시 날려볼까

피 묻은 모정

경기도 어딘가에서
2007년 4월 20일
일을 나가라고 충고하는
49세의 어머니에게
23세의 아들이 자존심 상해
마구 화를 냈다지요
그래서 네 차례나 흉기로
자기를 세상에 낳아준
엄마의 배를
겁도 없이 찔렀다고 합니다
그 어머니는
앞으로 빨간 딱지 붙을
아들의 장래가 걱정돼
'강도를 당했다고 할 테니
빨리 도망 가라' 권면한 뒤
일부러 집 안을 어질러놓고
남편에게
강도를 당했다고

거짓말 전화를 하였다지요

아들의 칼에 찔려
몸으로 마음으로 상처입고
피를 흘리면서도
아들 먼저 생각하는
어머니의 피 묻은 사랑과 용서가
우리를 많이 울리네요

다행히 수술 받고
의식을 회복했다는 그 어머니에게
아들은 눈물로 회개하고 용서 청하며
남은 생애 동안 효도할 수 있기를
내내 기도해보는 오늘입니다

건망증

슬픈 사람 곁에 가면
나도 슬퍼지고
기쁜 사람 곁에 가면
나도 기뻐지고
아픈 사람 곁에 가면
나도 잠시 아프지만
이것이
얼마 가지 못해서
미안하다
잊지 않겠다 약속하고도
잊고 살아 미안하다
건망증은 때로
오해의 이유가 되지
내 탓이오 내 탓이오
가슴을 칠 수밖에

어느 노인의 편지

사랑하는 나의 아들딸들
그리고 나를 돌보아주는
친절한 친구들이시여
나를 마다 않고 살펴주는 정성
나는 늘 고맙게 생각해요

허지만 그대들이 나를
자꾸만 치매노인 취급하며
하나부터 열까지 세세하게
교육시키려 할 적마다
마음 한구석에선
꼭 그런 것은 아닌데……
그냥 조금 기억력이 떨어지고
정신이 없어진 것뿐인데……
하고 속으로 중얼거려본다오
제발 사람들 많은 자리에서
나를 갓난아기 취급하는
언행은 좀 안 했으면 합니다

아직은 귀가 밝아 다 듣고 있는데
공적으로 망신을 줄 적엔
정말 울고 싶답니다
그리고 물론
악의 없는 질문임을 나도 알지만
생에 대한 집착이 있는지 없는지
은근슬쩍 떠보는 듯한 그런 질문은
삼가주면 좋겠구려
어려운 시험을 당하는 것 같아
내 맘이 편칠 않으니⋯⋯

어차피 때가 되면
생을 마감하고 떠나갈 나에게
떠날 준비는 되어 있느냐
아직도 살고 싶으냐
빙빙 돌려 물어본다면
내가 무어라고 답을 하면 좋을지?

더 살고 싶다고 하면
욕심 많은 늙은이라 할 테고
어서 죽고 싶다면
우울하고 궁상맞은 푸념쟁이라 할 테고

이러지도 저러지도 못 하는
나의 숨은 비애를
살짝 감추고 사는 지혜가
아직은 턱없이 부족하여
내가 가끔은 그대들이 원치 않는
이기적인 추한 모습
생에 집착하는 모습 보일지라도
아주 조금만 용서를 받고 싶은 마음이지요

하늘이 준
복과 수를 다 누리라 축원하고
오래 살라 덕담하면
좋다고 고맙다고

겉으로는 웃지만
속으로는 나도 이미
떠날 준비를 하고 있다는 것
가능하면 누구에게도 폐를 끼치지 않는
평온한 죽음을 맞게 해달라
간절히 기도하고 있음을 알아달라고
오늘은 내 입으로
꼭 한 번 말하고 싶었다오

그러니 부디 지상에서의
나의 떠남을 너무 재촉하지는 말고
좀 더 기다려달라 부탁하고 싶답니다
나를 짐이 아닌 축복으로
여겨달란 말은 않을 테니
시간 속의 섭리에 맡겨두고
조금 더 인내해달라 부탁하고 싶답니다

우리가 서로에게 빚진

사랑의 의무를 실천하는 뜻으로라도
조금만 더 기다려달라고 말입니다
오늘은 이렇게 어설픈 편지라도 쓸 수 있으니
쓸쓸한 중에도 행복하네요
어쨌든 여러 사람에게 폐를 끼치는 나의 처지에
오늘도 미안한 마음 감출 수가 없지만
아직은 이렇게 살아 있음이
그래도 행복해서
가만히 혼자 웃어봅니다
이 웃음을 또 치매라고 하진 않을까
걱정되지만 그래도 웃어봅니다

누구?

내가 번호를 잘못 눌러
수신된 문자 메시지에

누구세요?
누구?
라는 답이 돌아온다

미안하다 사과하고
내가 나에게 묻는다

누구세요?
누구?
무어라고 선뜻
답을 할지 몰라
일단 꿈길로
답을 찾아
떠나보기로 한다

변명

"나는 아니거든!"
말하고 싶을 때
"네가 잘못 알고 있어!"
소리치고 싶을 때

내 마음 너무 깊고
시간은 너무 길다
그래도 오늘은
끝까지
참아보기로 한다
따지지 않고 좋은 마음으로
참아보기로 한다
오늘은 이것이
나를 시험해보는
어려운 기도이다

어떤 아기에게

거리낌 없는 웃음으로
천하를 호령하는
작은 아이야
넌 무에 그리 당당하니?
사랑을 많이 받으면
그렇게 되는 거니?
눈을 동그랗게 뜨고
날더러 안아달라는 너
너는 어디에서 왔니?
세상이 무섭지 않니?
사람이 낯설지 않니?
누구의 눈치도 보지 않고
나도 너처럼
용감하면 좋겠다
한 번도 어리광을 못 부리고
어른이 된 것 같아 부끄러운 나에게
너는 오늘 앞모습 뒷모습이
다 똑같아서 자유로운 법을
웃음 속에 가르쳐주어 고맙구나

침묵이 되어

오랜 세월
사람을 사랑할수록
할 말은 적어지고

오랜 세월
시를 쓸수록
쓸 말은 적어지고

많은 말 남긴 것을
부끄러워하다가
마침내는
가장 단순한 침묵이 되어
이 세상을 떠나는가 보다

긴 기다림 끝의
자유를 얻게 되나 보다

어색한 사이

다 식어버린 차처럼
미소가 빠진 우리 사이
참 싱겁고 어색하지?

양념에 덜 버무려진 김치처럼
사랑이 빠진 우리 사이
참 맛이 없고 어색하지?

어떻게 하면 되겠니?
우리 함께 노력하자
조금만 더 노력하자

어떤 걱정

울고 싶은데
큰 소리로 울지 못하는 것
웃고 싶은데
큰 소리로 웃지 못하는 것
이것이 병이 될까 걱정이에요

사람에 대해
날카로운 시선을 거두고
이해심도 둥글게 많아져서 좋지만
오히려 사랑은 적어지지 않을까 걱정이에요
삶에 대한 메마름과 둔감함을
거룩한 이탈과 초연함으로
착각하진 않을까 걱정이에요

응시

임종을 앞둔 이들은
왜 한 곳을
한 사람을
그리 오래 응시하는 것일까

오래도록 한 곳을 바라보는 그 순간
일생이 지나간다고 한다
순식간에 사랑의 심판을 받는다고도 한다

내가 마지막 간병을 갔던 자리에서
나를 뚫어지게 바라보던
어느 수녀님의 눈길이
오랜 세월 지나도
잊혀지질 않네
이미 입을 닫은 상태에서
그는 내게 무슨 말을
하고 싶었던 것일까

살다가 어느 순간
내 마음 시끄러워질 때면
문득 떠오르는
임종 직전의
그 고요한 바라봄
두렵기도 했던
고별의 눈인사에
숙연해지는 나의 기도!

카드로 지은 집

내 어린 시절
수녀원에 간 언니가
보내준 천사 카드에
넋을 잃고 반했어요

아름다운 카드만 보면
늘 가슴이 뛰었어요
어른이 되면
세상에서 제일 멋진
카드회사를 차리리라 마음먹었지요
종류별로 카드를 만들어 파는
아름다운 가게 주인이 되고 싶었어요

그 꿈을 이루진 못했지만
언니 따라 수녀원에 와서
날마다 벗들에게 카드를 쓰며 살아요
솔방울 조가비 꽃잎을 모아
예쁜 카드를 만들어

세상 곳곳에 보내는 천사가 되었어요
머지않아 카드로 만든
큰 집 한 채 지을 거예요

무너지지 않는
사랑의 집 한 채 지어
기쁨과 위로가 필요한 벗들을
초대할 거예요

우정일기 3

친구야
네가 나를 바라볼 때
나는 세상에서
가장 착한 사람이 되는 것 같다

네가 내 손을 잡아줄 때
나의 모든 슬픔과 아픔들이
다 녹아버리는 것 같다

네가 나를 좋아한다고
마침내 말해줄 때
나는 바보처럼 할 말을 잃고
하늘만 본다
눈물만 글썽인다

친구야
세상에 살아 있는 동안
우리는 서로에게 없어서는 아니 될

사랑의 노래구나, 그렇지?
희망의 등대구나, 그렇지?

우정일기 4

네가 내 곁에 있어
좋다는 말

아무리 감탄을 해도
끝이 없네

나를 위한
너의 따듯한 마음씨에
고맙다는 말

아무리 많이 해도
끝이 없네

네가 무얼 하는지
궁금해하는 마음

아무리 숨기려 해도
끝이 없네

문

살아 있음은
문을 열고 닫는 것

세상에
수많은 문이 있지만
내가 열기 전에는
문이 아닙니다

내가 닫기 전에는
문이 아닙니다

오늘도
문을 찾아다니는
나의 여행길

누군가 종을 쳐주세요
문에 꼭 맞는 열쇠를 주세요

시든 꽃

시들었다고
쉽게 버리지 못합니다

시든 꽃잎 위에 얹혀 있는
오래된 시간의 말
추억의 말

할 말은 많지만
참고 있는 꽃들이
가엾어 보입니다

시든 꽃 버리기 전에
아주 잠시라도
이별의 시간을 가지세요
그리고
조금은 울어도 좋습니다

이별 앞에서는

늘 슬픔이 먼저이므로
보내는 마음에는
고마움과 미안함이 함께해
자꾸만 눈물이 나려 하므로

사랑의 이름

내가
하늘 위에 쓴 이름들은
바다가 읽고
바다 위에 쓴 이름들은
하늘이 읽고

참 많은 이름들이
구름으로 파도로
꽃으로 피어납니다

사랑하는 이들의
이름들을
항상 새롭게 부르며
나의 일생이 지나갑니다

오늘의 나를 키워준
사랑의 이름 앞에
고맙다는 말 외엔
할 말이 없습니다

| 발문 |

지상에 핀 천상의 말꽃
— 시집 『작은 기쁨』의 세계

강희근 (시인 · 경상대학교 교수)

1

이해인 시인의 시는 말꽃이다. 우리에게 아름다운 향기로 그냥 다가오는 꽃과 같이 말이 그냥 우리에게 다가온다. 그것도 사랑으로, 기쁨으로, 기도로 필요한 사람에게 필요 이상으로 일렁이며 다가온다. 그래서 그의 시는 말꽃이다.

이해인 시인의 시는 지상에서 피는 꽃이지만 천상으로 부르는 기쁨이거나 소망을 담고 있다. 천상으로 가는 이들이 천상으로 가는 길목에서 만나는 천상의 음성 같은 빛깔을 띠고 있다. 그래서 그의 시는 '지상에서 피는 천상의 말꽃'이라 할 수 있다.

2

이해인 시인은 수도자다. 수도 생활은 알려진 대로 정결, 청빈, 순명을 서원하면서 시작된다. 그러므로 수도자는 수도자라는 것만으로 거룩하다. 수도자의 말은 수도 생활을 드러내므로 매우 공식적이거나 정해진 메시지의 어떤 간원일 것이라는 추측을 하게 된다. 그러나 이해인 수도자의 말은 시라는 형식에 들면서 인간이 갖는 기쁨이나 애환으로 해방되고 있다. 말을 바꾸면 천상으로 가는 사람의, 사람 이야기에 닿는 기도이거나 사랑이 시를 붙들고 있다는 것이 된다.

사랑의 먼 길을 가려면
작은 기쁨들과 친해야 하네

아침에 눈을 뜨면
작은 기쁨을 부르고
밤에 눈을 감으며
작은 기쁨을 부르고

자꾸만 부르다 보니
작은 기쁨들은

이제 큰 빛이 되어
나의 내면을 밝히고
커다란 강물이 되어
내 혼을 적시네

―「작은 기쁨」 부분

  기쁨을 부른다는 일은 기쁘게 살겠다는 의지의 표명이다. 작은 기쁨은 그것들이 모여 큰 빛이 된다는 것이 따옴시의 비밀이다. 작아지고자 하는 것은 끝없는 길에 서 있는 자의 가장 겸허한 모습이다. '끝 없는 길'은 끝이 없다는 이야기가 아니라 끝이 있는데 그곳을 향해 쉬임 없이 가야 하는 삶의 어려움을 말하는 것에 다름 아니다. 그 끝은 천상이고 온전한 형식의 아름다움일 것이다.
  이해인 시인은 그 길을 가면서 우리에게 그 길 위로 초대하고 있는 셈이다.

3

  이해인 시인이 초대하는 말은 뒤틀려 있는 말이 아니라 뒤틀리기 전에 있었던 본원적인 말이다. 세상이 뒤틀려 있으므로 이해인 시인을 제외한 거의 대부분의 우리나라 시인들은 뒤틀린 언어로 뒤틀린 세계를 노래한다. 그러나 이해인 시인은 뒤틀려 있지 않은 세계의 사랑을 노래하면서 사랑으로 가 닿는 세상의 대상들과 만난다. 기도 안에서 만나고, 편지로서 만나고 그리움으로서 만난다.

> 나는 악기를 다루듯이
> 편지를 씁니다
> 어떤 사람에겐
> 피아노나 풍금의 언어로 이야기하고
> 어떤 사람에겐
> 첼로나 바이올린의 언어로 이야기하고
> 또 어떤 사람에겐
> 가야금이나 거문고의 언어로 이야기하죠
> 글에도 음악이 흘러 아름답습니다
> 받는 이들은 행복하답니다
>
> ―「편지 쓰기」 전문

 악기를 다루듯이 편지를 쓴다는, 그래서 받는 이들은 행복할 것이라는 이야기를 담고 있다. 첼로나 바이올린, 그리고 가야금이나 거문고는 무엇인가. 그것들로 인해 사람은 감동하고 전율하게 된다. 그 리듬에는 사기(邪氣)가 없고 불안이 없고, 따라서 불화도 없다. 악기들의 이름은 그렇게 사람들의 마음에 안정과 설렘의 쥐불을 놓는 품목들이다. 적어도 시인이 다

루는 악기는 그런 지향의 멜로디로 가득한 음악을 연주해내는 것이리라.

시인이 "글에도 음악이 흘러 아름답습니다"라 한 것은 말글이 갖는 청정한 흐름을 말하는 것인데 그것은 샘물처럼 솟아나는 기쁨이나 그리움이 늘상 존재하고 있음을 가리키는 것일 터이다. 우리나라 시인 가운데 말을 두고 이해인 시인과 가장 대척적인 쪽에 서 있는 시인은 김춘수다. 김춘수는 뒤틀린 세계에 대해 제값을 못 하는 말을 두고 절망했다. 그 말을 부수고 해체하는 것이 오히려 세계를 그대로 드러내는 것이라고 생각했다. 김춘수의 이른바 '무의미의 시'가 그것이다. 세계가 뒤틀려 있으므로 시의 말도 뒤틀어놓고 보면 뭔가가 드러나지 않을까 하는 데에 이른 것이리라.

그러나 이해인 시인은 뒤틀려 있는 세계에 절망하지 않았을 뿐만 아니라 그 뒤틀린 세계를 본원의 말로 회복시킬 수 있다는 믿음을 지녔다. 물론 이 시인의 믿음은 그리스도교의 믿음에서 자연스레 나온 것일 터이다. 그리스도교의 신망애(信望愛) 삼덕이 그 뿌리임은 더 말할 나위가 없을 것이다.

적당히 숨기려 해도
자꾸만 웃음으로
삐져나오네

억지로 찾지 않아도
이제는 내 안에
뿌리박힌 그대

어디에 있든지
누구를 만나든지
내가 부르기만 하면
얼른 달려와 날개를 달아주는
얼굴 없는 나의 천사
고마운 기쁨이여

—「고마운 기쁨」 전문

  따옴시는 화자가 얼마나 기쁨에 젖어 살고 있는지를 그대로 보여준다. 기쁨이 '내 안에' 뿌리박혀 있다는 것인데, 이런 낙관주의는 또 다른 낙관주의를 낳게 한다. 세계가 뒤틀려 있는 것이 아니라 반듯하게 제 숨결로 놓여 있음을 천명하는 시다. 이런 현상이 천상의 현상이 아닐까? 시를 쓰고자 머리를 싸매고 있는 것이 아니라 느긋이 말의 끈을 풀어놓고 있을 때 절로 솟아나는 말이다. 뒤틀린 것은 사정없이 말도 헝클고 무엇이든 뒤틀어놓는 것인데, 말의 청정 구역이 이렇게 보존되고 있다는 것 자체가 범인에게는 기적으로 보인다.

  그러나 이해인의 시는 이런 기적을 수틀에 수놓듯이 땀땀이

엮어내고 있다. 저만치 있는 것이 아닌, 생각하거나 찾으면 일상 어디에서도 찾아지는 그런 평범 안에 사탕알처럼 박혀 있는 낯익은 기적들을 확인시켜주고 있다.

4

이해인 시인에게 모든 것들은 사랑의 교과서다. 자연이 더 그렇다. 세상에 드러나 있는 것들은 하나도 홀로 있는 것이 아니라 하나같이 말 한 마디씩 던지고 있는 대상이다. 하느님이 지어놓은 피조물들은 아무것도 의미 없이 만들어진 것은 없다는 말을 확인시켜주고 있는 셈이다.

내가
예쁜 생각 한 번씩 할 적마다
예쁜 꽃잎이
하나씩 돋아난다지

내가
고운 말 한 번씩 할 적마다
고운 잎사귀가
하나씩 돋아난다고

꽃나무들이
나를 보고
환히 웃어

나도 꽃이 되기로 했지
나도 잎이 되기로 했지

―「꽃밭에서」 전문

따옴시는 화자가 꽃과 잎에다 붙이는 의미를 드러내준다. 예쁜 생각을 할 적마다 꽃이 돋아나고 고운 말 할 적마다 잎사귀 하나씩 돋아난다는 것인데 이를 바꾸어 말하면 꽃을 보고 있으면 생각이 예쁘게 되고 잎사귀 하나를 보고 있으면 고운 말을 하게 된다는 것이 된다. 그래서 화자는 꽃이 되기로 하고 잎이 되기로 작정하는 것이다. 이른바 동일화 지향에 서게 된다는 이야기이다.

교회가 가르치는 대로 세상의 온갖 것들은 말씀으로 이루어진 것이기 때문에 그 이루어진 것에서 말씀의 의미를 찾는 일은 매우 자연스런 현상이라 하지 않을 수 없다. 이해인 시인의 시가 부드럽고 아름답고 본원적이라는 점은 바로 그 말씀의 의미 캐기에 연결되어 있기 때문이 아닌가 한다.

이 시인의 의미 캐기는 어쩌면 캐기라기보다 함께 의미에 어우러지는 것이라 함이 옳을 성싶다. 「나무의 연가」를 보자.

당신을
보기만 해도
그냥
웃음이 나요
이유 없이 행복해요

웬만한 아픔
견딜 수 있고
어떠한 모욕도
참을 수 있어요

바람 많이 불어도
뿌리가 깊어
버틸 수 있는
내 마음
모두 당신 덕분이지요

어느날
열매를 많이 달고
당신과 함께
춤을 추고 싶어요

—「나무의 연가」 전문

따옴시는 내용의 흐름으로 보면 나무를 보고 느끼는 행복이지만 제목으로 보거나 '열매를 많이 달고'의 주체를 보거나 하면 화자가 나무가 된다. 그러니까 이 시는 '당신'과 '나무'가 서로 나누어 갖는 위치라는 점에 주목할 수 있다. 어쨌거나 따옴시는 나무의 '인내'와 '열매 달기'에 대한 하나로의 동질성 지향을 보인다는 것만은 부인할 수가 없다. 이 시에서 특별히 제1연이 주목된다.

　　당신을
　　보기만 해도
　　그냥
　　웃음이 나요
　　이유 없이 행복해요

　화자가 나무이든 나무가 아니든 나무와 어울리면서 생겨나는 서정이 '웃음'과 '행복'에 연결되어 있음이 이채롭다. 나무를 통해서 웃음이 나온다는 표현은 일찍이 다른 시인의 시에서 접해볼 수 없었던 경지라 할 것이다. 이 경지는 이해인 시인의 신앙적 영성의 한 측면이 드러내 보이는 것이라 할 만하다. 가령 프란체스코 성인을 떠올려볼 때 모든 피조물은 형제라는 데에 도달하게 되었던 그의 영성이 동물과 식물과의 교감뿐만 아니라 무생물에게까지 자장을 넓혔던 점에 유의할 수 있을 것이다. 날아다니는 새가 그의 손에 내려와 말귀를 알아듣고, 산림을 누비는 사자가 그에게로 와 그의 강론을 경청했던 일은 전설처럼 들리지만 우리는 그 신비를 영성이라는 잣대 위에 올려놓을 수 있다. 나무를 접하는 시인이 웃음을 일으켜내고 행복을 끓여낸다는 사실은 결코 비유의 차원에서 나오는 것이라 보기 힘들다. 그것은 시인이 영적인 깊이에 들어가서 그 깊이로 생활을 이루고 다시 그 생활을 가장 보편적인 언어로 나누고자 하는 시적 사색을 거친 다음에 표현되는 것이라 보기 때문이다. 이해인 시인은 그의 시를 영적인 측면에서 무겁게 이해하는 것을 달갑지 않게 여길지 모른다. 스스로의 말을 언제나 작은 말로, 스스로의 기쁨을 가장 작은 기쁨으로 여기고 표현에 임하고 있는 것으로 믿어지기 때문이다.

5

이해인 시인의 시는 읽기에 편하다. 강박의 시가 아니라 해방의 시이기 때문이다. 이 시인의 시적 틀 속으로 들어가는 내용은 그것이 기도이거나 무거운 삶이거나 산뜻하게 풀리어 독자의 감동 속으로 머뭇거리지 않고 다가오게 된다.

내 맘속에 숨어 살며
떠나기 싫어하는

어떤 슬픔 하나를
과자로 만들어
기도 속에 넣어둡니다

내가 좋아하는
웨하스, 크래커처럼
바삭바삭 담백하고
맛이 고소해요

내 마음에 안 들어
비켜가고 싶던
어떤 미움 하나
음료수로 만들어
기도 속에 넣어둡니다

내가 좋아하는
레몬즙처럼
쌉싸름 상큼하고
맛이 향기로워요

―「맛있는 기도」 전문

따옴시는 기도하는 요령에 관한 시다. '슬픔'과 '미움'에 관한 내용의 기도를 과자로, 음료수로 풀어내는 지혜가 놀랍다. 엄숙하거나 한없이 무거운 문제를 가볍게 끌어안는 것은 어쩌면 달인이 할 수 있는 것일 터이다. 그러나 신 앞에서는 달인이라는 말이 격에 맞지 않다. 말하자면 겸손이나 신덕이 기법이나 기술로 이루어지는 것이 아니기 때문이다. 시 「맛있는 기도」는 기도가 생활인 이들이 빚어낸 생활의 한 조각 지혜를 보여준다. 이해인 시인의 시가 형식이나 심상 같은 시적 통념의 기준으로 설명되지 않는 까닭이 바로 이런 데 놓인다. 지혜로 보면 형식이나 심상이나 리듬 같은 요건은 참으로 부질없는 것일 뿐이다.

거리낌 없는 웃음으로
천하를 호령하는
작은 아이야
넌 무에 그리 당당하니?
사랑을 많이 받으면
그렇게 되는 거니?
눈을 동그랗게 뜨고
날더러 안아달라는 너
너는 어디에서 왔니?
세상이 무섭지 않니?
세상이 낯설지 않니?

누구의 눈치도 보지 않고

나도 너처럼

용감하면 좋겠다

한 번도 어리광을 못 부리고

어른이 된 것 같아 부끄러운 나에게

너는 오늘 앞모습 뒷모습이

다 똑같아서 자유로운 법을

웃음 속에 가르쳐주어 고맙구나

—「어떤 아기에게」 전문

따옴시는 웃음으로 당당한 아기 이야기이다. 웃음이 특징인 아기를 두고 웃음으로 천하를 호령한다고 하고, 용감하다고 하고, 앞모습 뒷모습이 다 똑같아서 자유롭다고 말한다. 기법이 있다면 동심으로 동심을 읽어내는 말이고 말의 수준일 뿐이다. 이런 시는 연구가들의 형식에다 치는 방점이나 관주를 허용하지 않는다. 그냥 시이면 시이고 말이면 말이다.

필자로서는 「어떤 아기에게」를 읽는 것은 수도원에서 여는 한 번의 피정(避靜)에 참여하는 일에 맞먹는다는 생각을 하게 된다. 그 비유가 적절하지 않다면 경륜 있는 사제의 감동적인 알로꾸시오(강론)에 맞먹는 한 편의 시라고 말할 수 있을 것이다. 그러나 시의 중량은 가볍다.

아기의 웃음처럼 편하다. 편하게 묵상의 저변을 스며들고 있다. 이 점이 또한 이해인 시인 시의 비밀이거나 특징이 된다.

6

  지금까지 이해인 시인의 시를 몇 가지 각도에서 바라보았지만 아직도 필자의 메모장에는 무염의 말, 대중의 말, 진실의 말이라는 항목들이 남아 있다. 이 말이 저 말에 걸리고 또 저쪽 말이 더 저쪽에 있는 말에 걸리어 그 말이 그 말 같다는 생각이 들어 이쯤에서 접는다.

  어쨌거나 확인하자. 이해인 시인의 시는 우리를 천상으로 초대하는 초대장으로 읽힌다는 것을, 그래서 그 초대의 말은 아름다운 천상의 말꽃이라는 것을, 그러면서 다시 첫장부터 읽어나가도 지루에 들지 않는다는 것을.

  이해인 시인은 우리를 천상으로 초대하는 가운데 하기 힘든 과업을 수행하는 것으로 보인다. 한국시가 갖고 있는 세 가지 약점의 굴레를 풀어버린 것이다. 난해의 굴레, 뒤틀려 있는 말과 세계의 굴레, 속되고 쇄말한 것에 대한 집착의 굴레가 그것들이다. 어쩌면 이것은 하나의 혁명일지도 모르겠다. 우리가 모두 손을 놓거나 엉거주춤하는 사이 이해인 시인의 시력 삼십 년이 훌쩍 흘러가버렸다. 이 기간에 이 수도자 시인은 수도원 크기만 한 해방 정부 하나를 수립했다. 짐 진 자가 가서 쉬는 '말꽃 정부'다. 아니다. 짐을 지지 않은 자도 가서 쉬는 작은 정부다.

작은 기쁨

이해인 시 | 박경규 곡

 「작은 기쁨」에 곡을 붙여주신 박경규 님께 감사드립니다.

작은 기쁨

초판 1쇄 발행 2008년 3월 17일
초판 50쇄 발행 2025년 9월 21일

지은이 이해인

펴낸곳 열림원 | 펴낸이 정중모 방선영
등록 1980년 5월 19일(제406-2000-000204호)
주소 경기도 파주시 회동길 152
전화 031-955-0700 | 팩스 031-955-0661
홈페이지 www.yolimwon.com | 이메일 editor@yolimwon.com
페이스북 /yolimwon | 트위터 @yolimwon | 인스타그램 @yolimwon

ⓒ 이해인, 2008

ISBN 978-89-7063-591-0 03810

＊책값은 뒤표지에 있습니다.